Cyd-awduron *Y Bysgodes*
o Gymdeithas Affrica Gogledd Cymru

Sebastian Aheukorah | Noami Aheukorah
Oluwatomisin Olasebikan (Tomisin) | Akpotu King Rita
Okonkwor | Benedicta Okonkwor
Isioma Angelica Okonkwor | Dominic Tokala
Olamuyi Jesuspower Olayimika (J. P.)
Olamuyi Josephine Olayimika
Babadayo Oni (Dayo) | Tolu Oni (Tolu)
Irekunmi Oni (Ire) | Jahleel Fada | Jasmine River King
Kenzie Nneji | Ljay Shaw | Omolayo Emola
Enesi Anikoh | Onize Anikoh | Oiza Anikoh
Catherine Nneji | Munachimso Nneji | Ella Utip
Eva Utip | Anne Nneji | Bernice Ben-Ake
Zinnachidi Ossy-Wilfred | Somtochukwu Ossy-Wilfred
Charmaine Stammers | Mabon Stammers
Carmen Gasca | Naa Barnor Ahiaku |
Marie-Pascale Onyeagoro-Okonkwor | Salamatu J. Fada

Y BYSGODES

Cymdeithas Affrica Gogledd Cymru
a Casia Wiliam

y olfa

Cyhoeddwyd y llyfr hwn mewn cydweithrediad â BLAS Pontio,
prosiect ymgysylltu celfyddydol cymunedol Canolfan Celfyddydau Pontio, Bangor.

Diolch o galon i Mared Elliw Huws, Cydlynydd Datblygu'r Celfyddydau
yn Pontio a chydlynydd y prosiect, am y cysyniad gwreiddiol;

i Manon Gwynant, Is-gydlynydd BLAS am gydlynu a chefnogi'r prosiect;

i'r ymarferwyr fu'n cynnal gweithdai gyda phlant Cymdeithas Affrica Gogledd Cymru:
Naa Barnor Ahiaku, Edem Ahiaku, Connor Allen, Catrin Angharad Jones, Siwan Llynor;

ac i'r tiwtoriaid dan hyfforddiant: Olaitan Olawande, Fatima Fabubakar, Tinuade Adesina,
Faheedah Bakare, Marie-Pascale Onyeagoro-Okonkwor.

Argraffiad cyntaf: 2023

Cynllun y clawr: Y Lolfa
Llun y clawr: Jac Jones

Rhif Llyfr Rhyngwladol: 978 1 80099 354 9

Dymuna'r cyhoeddwyr gydnabod cymorth ariannol
Cyngor Llyfrau Cymru a Chyngor Celfyddydau Cymru

Cyhoeddwyd ac argraffwyd yng Nghymru
ar bapur o goedwigoedd cynaliadwy gan
Y Lolfa Cyf., Talybont, Ceredigion SY24 5HE
e-bost ylolfa@ylolfa.com
gwefan www.ylolfa.com
ffôn 01970 832 304

Rhagair

Nid fi yw awdur y stori hon.

Yn ystod haf 2022, daeth teuluoedd o Gymdeithas Affrica Gogledd Cymru at ei gilydd i siarad am straeon a hen chwedlau o Gymru a gwledydd Affrica.

Daeth beirdd, storïwyr a chantorion Affricanaidd a Chymreig atom i rannu a dysgu ac agor ein dychymyg led y pen. Yn araf bach a fesul tipyn wedyn, daeth y stori hon i fodolaeth. Y cwbl wnes i oedd ei thynnu at ei gilydd a'i rhoi ar bapur, cyn ei phasio ymlaen i ddwylo gofalus a medrus Jac Jones, ac mae yntau wedi ychwanegu haen arall o hud rhwng cloriau'r llyfr hwn gyda'i ddarluniau trawiadol a chwareus.

Mae hi'n chwedl newydd sbon sy'n llawn o hen ledrith.

Rydych chi'n siŵr o gael eich swyno.

Casia Wiliam

Ffuglen ddadlennol yw *Y Bysgodes* sy'n cyfuno straeon traddodiadol Cymreig ac Affricanaidd (Ghanaidd a Nigeraidd). Mae'r campwaith hwn yn ganlyniad gwaith cydweithredol teuluoedd o Gymdeithas Affrica Gogledd Cymru a beirdd, storïwyr a chantorion Cymreig ac Affricanaidd. Daeth yr awdur ysbrydoledig Casia Wiliam a'r darlunydd talentog Jac Jones â'r cyfan at ei gilydd.

Mae'r llyfr hwn yn gam enfawr tuag at gyflawni nod Cymdeithas Affrica Gogledd Cymru. Rwy'n gobeithio y bydd yn cael effaith ar feddyliau darllenwyr ac yn hwyluso'r broses o integreiddio Affricanwyr i Gymru.

Mwynhewch yr hud yn y stori hon!

Salamatu J. Fada, PhD, Sylfaenydd Cymdeithas Affrica Gogledd Cymru

Roedd yr haul yn danbaid y diwrnod hwnnw, gan anfon pob dyn a chreadur yn Ghana i gysgodi. Pawb heblaw am y pysgotwr; roedd o'n cerdded yn araf tua'r afon i geisio dal ei swper.

Ar ôl tipyn, daeth i'r casgliad fod pob pysgodyn wedi mynd i gysgodi hefyd, ac roedd ar fin rhoi'r ffidl yn y to pan welodd rywbeth o gornel ei lygaid. Fflach o aur, fflach o arian. Pysgodyn oedd hwnna? Gafaelodd yn dynn yn ei rwyd a sefyll fel delw.

Tawelwch. Tawelwch. Ac yna, llamodd siâp mawreddog allan o'r dŵr! Llithrodd y pysgotwr ei rwyd mewn chwinciad a'i ddal. Cododd gaead ei hen jwg pysgota a thaflu'r pysgodyn i mewn gyda sblash. Mi fyddai hwn yn swper a hanner.

Ar ôl cerdded adref yn y gwres llethol, roedd y pysgotwr yn llwglyd. Byddai wir, mi fyddai'n bwyta'n dda heno. Cododd gaead yr hen jwg a rhoi ei law i mewn i estyn am ei ddalfa. Yna'n sydyn, teimlodd rhywbeth yn ei grafu – beth oedd hwnna?

Ar gledr ei law roedd cen pysgodyn; un aur ac un arian. Edrychodd eto ar y pysgodyn mawr, llachar. Doedd dim posib mai aur ac arian go iawn oedd y cen, nac oedd?

Anghofiodd am ei fol. Tynnodd y drws ar ei ôl a chychwyn am y goedwig.

Cerddodd a cherddodd nes iddo gyrraedd yr hen dŷ coeden lle'r arferai chwarae pan oedd yn blentyn. Roedd am guddio'r pysgodyn yma tra'i fod yn ymweld â gof aur y pentref.

Roedd yn rhaid iddo wybod os mai cen o aur ac arian go iawn oedd y rhain. Fyddai neb yn dod o hyd i'r pysgodyn yma. Ddôi neb i wybod amdano.

Ar ei ben ei hun yn y jwg yn yr hen dŷ coeden yn y goedwig, doedd gan y pysgodyn ddim byd i'w wneud, felly dechreuodd ganu. Canodd gân hyfryd am ei orffennol.

Cododd y nodau crwn o'r jwg. Roedd y geiriau'n adrodd hanes tywysoges dlos, y dywysoges brydferthaf yn y byd, oedd â'r llais mwyaf swynol yn yr holl deyrnas. Ond roedd hi'n dywysoges falch hefyd, yn falch ac yn ffroenuchel, ac un diwrnod penderfynodd gwrach ei bod am ddysgu gwers iddi. Rhoddodd swyn ar y dywysoges, a'i throi yn bysgodyn. Nid unrhyw bysgodyn oedd hi felly, ond Tywysoges y Pysgod – Y Bysgodes.

Wrth iddi ganu a chanu dechreuodd ei chen o aur ac arian ddisgleirio. Yng nghornel uchaf yr hen dŷ coeden roedd neidr slei yn gorwedd. Clywodd y gân brydferth, a gwelodd y pysgodyn yn disgleirio. Wel, wel, beth sy'n fan hyn? meddyliodd y neidr.

Llithrodd draw at y jwg a chodi'r caead gyda'i chynffon.

"Helô, bysssgodyn," sibrydodd y neidr. "Beth wyt ti'n ei wneud fan hyn, mewn hen dŷ coeden?"

"Help!" llefodd y Bysgodes. "Fedri di fy helpu? Mae pysgotwr wedi fy nal. Mae'n rhaid i mi ddychwelyd i'r afon."

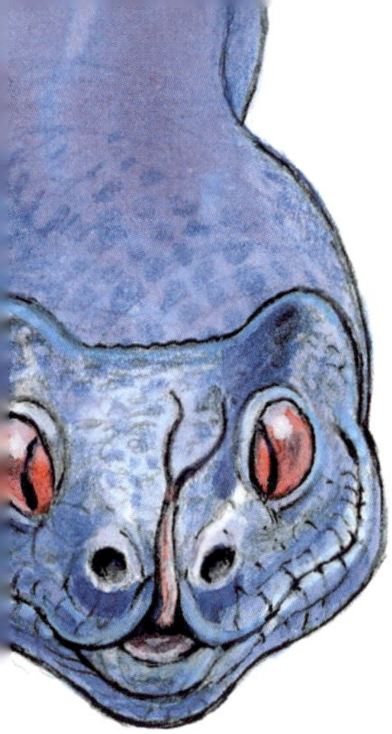

Atebodd y neidr slei mewn chwinciad chwannen.

“Wrth gwrsss, wrth gwrsss. Gad i mi alw ar fy ffrind. Fe helpwn ni ti gyda’n gilydd.”

Llithrodd ar ei union i ddeffro’r corryn oedd yn cysgu yn y gornel.

“Pssst! Deffra, gorryn! Rhaid i ni ddal y pysssgodyn yma,” meddai. “Welesss i hi’n disssgleirio. Glywesss i hi’n canu. Mae hi’n hudolusss. Ni sssydd pia hi.”

Gwrandawodd y corryn, a dechrau gwau ei we.

Tra'r oedd hyn yn digwydd, roedd pryfyn bach du yn hofran gerllaw, a heb i'r neidr na'r corryn sylwi, roedd wedi clywed pob gair o'u cynllun.

Aeth y neidr a'r corryn yn ôl at y jwg, ac yn araf dechreuodd y corryn ollwng ei we, er mwyn i'r pysgodyn nofio i mewn iddo.

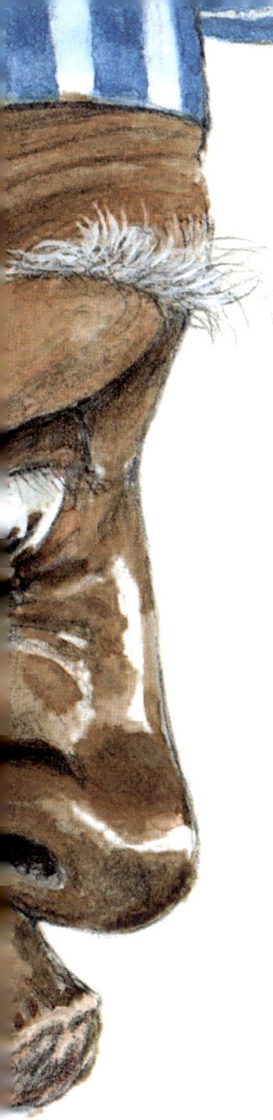

Yn y cyfamser, draw yn y pentref, gosododd y pysgotwr y cen yn ofalus ar gownter y gofaint aur. Ebychodd y gof ac estyn am ei chwyddwydr.

“O ble gawsoch chi’r rhain?” sibrydodd, ei lygaid fel dwy soser. “Weles i erioed ddim byd tebyg! Cen o aur ac arian. Mae’r rhain yn werth llawer o arian. Petai’r pysgodyn cyfan gynnoch chi, chi fyddai’r gŵr cyfoethocaf yn y byd.”

Diolchodd y pysgotwr iddo, cyn troi ar ei sawdl. Penderfynodd y byddai’n prynu bwyd i’r pysgodyn, er mwyn ei fwydo nes ei fod yn tyfu a thyfu a thyfu, ac yntau’n cael mwy a mwy a mwy o gen, a mynd yn ŵr cyfoethog iawn, iawn, iawn.

Nawr, wyt ti'n cofio'r pryfyn bach du? Pan oedd y pysgotwr yn prynu bwyd i'r pysgodyn, a'r neidr a'r corryn yn trio dal y pysgodyn, roedd y pryfyn bach du wedi hedfan i ganol y goedwig, i'r llecyn arbennig lle'r oedd pedair elfen hudol y bydysawd yn cwrdd; tân, dŵr, aer a daear. Wrth eu gweld hedfanodd y pryfyn yn nes a sibrydodd bopeth roedd wedi'i glywed gan y neidr a'r corryn.

Gwyddai'r tân, y dŵr, y ddaear a'r aer beth i'w wneud. Gan ddefnyddio eu holl egni dyma'r bedair elfen hudol yn troi a throelli fel un, nes trawsnewid i fod yn ŵr direidus a gerddai gyda ffon.

Dechreuodd y gŵr direidus hercian tuag at yr hen dŷ coeden. Roedd y pysgotwr hefyd ar ei ffordd yn ôl o'r pentref. Yr eiliad honno, cipiodd y corryn y Bysgodes yn ei we, a llithrodd yr hen jwg nes torri'n deilchion ar lawr y goedwig. Clywodd y pysgotwr y sŵn. Y jwg! Mae'n rhaid bod rhywun wedi dod o hyd i'w bysgodyn! Dechreuodd redeg â'i wynt yn ei ddwrn. Clywodd y gŵr direidus y sŵn hefyd, ac er ei fod yn cerdded gyda ffon roedd elfen yr aer yn ei esgyrn, felly rhedodd mor gyflym â'r gwynt.

Cyrhaeddodd y gŵr direidus a'r pysgotwr mewn pryd i weld y neidr slei yn llithro i ffwrdd, a'r pysgodyn yn ei geg! Cododd y pysgotwr ei rwyd yn uchel i'r awyr, yn barod i geisio dal y neidr, ond roedd y gŵr direidus yn gynt. Cariodd yr aer esgyrn y gŵr direidus yn gyflym tuag at y neidr.

Cipiodd y pysgodyn o geg y neidr cyn hedfan a hedfan a hedfan, dros y tir a'r môr nes cyrraedd y man mwyaf hudolus yn y byd i gyd – copa'r Wyddfa, mewn gwlad o'r enw Cymru.

Dechreuodd y gŵr direidus ar ei waith yn syth. Gwyddai'n union beth i'w wneud.

Dyma'r dŵr yn ei waed yn creu llyn bach i'r pysgodyn gael nofio ynddo.

Dyma'r tân yn ei galon yn toddi rhai o'r cerrig oedd gerllaw er mwyn creu crochan enfawr a chynnau tân oddi tano.

Ac yn olaf, gan ddefnyddio'r ddaear yn ei enaid, cymysgodd y cynhwysion oedd eu hangen i wneud cawl Egusi Affricanaidd blasus.

Ar ôl gwneud hyn, estynnodd ffiol fach wydr a'i llenwi â phlu eira o gopa'r Wyddfa; dyma'r cynhwysyn olaf un. Roedd hud a lledrith hynaf y bydysawd yn y plu eira yma. Tywalltodd y plu i'r cawl a throi'r cyfan yn araf.

O'r diwedd, roedd yn barod. Rhoddodd ychydig o'r cawl ar lwy a'i dywallt yn ofalus i geg euraidd y pysgodyn. Yn araf, araf, trodd y cen aur ac arian yn wallt hir, hyfryd, a throdd y gynffon aur ac arian yn ddwy goes!

O flaen y gŵr direidus safai'r dywysoges brydferthaf oedd yn bod. Roedd yr hud a lledrith wedi gweithio! Roedd hen felltith y wrach wedi ei chwalu!

Dyma'r aer yn esgyrn y gŵr direidus yn cario'r dywysoges dros y môr a'r tir yn ôl i Ghana, ar dir Affrica.

"Nawr," meddai'r gŵr direidus. "Ti sydd i ddewis beth sy'n digwydd nesaf."

Edrychodd y dywysoges o'i chwmpas. Gwelodd yr hen dŷ coeden, gwelodd y neidr slei, y corryn a'r pysgotwr.

Meddyliodd am eiliad ac yna meddai, "Dilynwch fi."

Sylweddololodd pawb mai hi oedd y pysgodyn euraidd wedi ei throi yn ôl yn dywysoges, a dilynodd pob un yn ufudd wrth iddi eu harwain i'r palas, a phob un yn poeni beth fyddai ei ffawd.

Roedd holl bobl y pentref wrth eu boddau yn gweld y dywysoges eto, y dywysoges brydferthaf â'r llais mwyaf swynol yn y deyrnas, oedd wedi diflannu ers amser maith. Adroddodd ei hanes, a gwrandawodd pawb yn astud.

Ar ôl gorffen dweud ei stori, estynnodd rywbeth o'i phoced.

"Mae gen i rywbeth i chi," meddai, ac er syndod i bawb, rhoddodd ddarn mawr o aur trwm yr un i'r pysgotwr, y neidr a'r corryn. "Gobeithio na fyddwch chi fyth mewn angen eto."

Wrth iddi ddweud y geiriau, ymddangosodd y wrach, ac meddai, “O, dywysoges falch, rwyt ti wedi dysgu dy wers a dwyt ti ddim yn falch a ffroenuchel rhagor. Nawr fe gei di fyw dy fywyd, a chanu dy gân!”

A dechreuodd y dywysoges brydferthaf â’r llais mwyaf swynol ganu. Canodd gân am y Bysgodes euraidd. Cariodd ei llais ar draws y tir a’r môr, nes bod modd clywed ei chân mor bell â’r man mwyaf hudolus yn y byd i gyd, ar gopa’r Wyddfa, mewn gwlad o’r enw Cymru.